DIE FAMILIE GRÜNSCHNABEL

Four modern stories written for beginners of German –

of any age!

Elisabeth Bond and Christine Dancey

Reading for pleasure: Level 1

QUEEN BEE BOOKS

DIE FAMILIE GRÜNSCHNABEL
Copyright © Elisabeth Bond and Christine Dancey
Illustrations: Richard Duszczak

All Rights Reserved

No part of this book may be reproduced in any form,
by photocopying or by any electronic or mechanical means,
Including information storage or retrieval systems,
without permission in writing from both the copyright
owner and the publisher of this book.

ISBN 978-0-9558051-0-3

First Published 2008 by
Queen Bee Books

Printed and bound by Think Ink, Ipswich, Suffolk, UK

*Elisabeth would like to dedicate this book
to Peter and Volker.*

*Christine would like to dedicate this book
to Keith and family, for inspiration.*

Karl

Anna

Katharina

Matthias

Elfriede

DIE FAMILIE GRÜNSCHNABEL

Preface

We wrote this book because we realised that there was a lack of reading books suitable for people who had begun to learn German, particularly those learning German as adults. And yet reading stories written in German helps students to develop and to increase their knowledge about letter and word combinations and the usual structure of the language. Textbooks contain vignettes and extracts for those beginning to learn German, but these are often seen as work rather than enjoyment.

The stories are written for beginners in German who have studied for approximately 18 - 36 hours of German, and who want to read German for pleasure.

The idea is that you can read and understand the stories without stopping to look up unfamiliar words. Excessive use of dictionaries whilst reading German books is very de-motivating and disturbs the enjoyment of continuous reading. The Illustrations throughout and words being repeated in different contexts mean that you should understand the book, even if you do not, at first, understand every word. Of course once you've read the stories you might want to check that you've understood the meaning of unfamiliar words by using a dictionary.

These are the sort of stories Elisabeth's students would like to have had available when they were beginning to learn German. The stories are written in the present tense and in very simple sentences. The vocabulary in this book is necessarily limited. Although the stories therefore are fairly simple – and child-like in places – the themes in the stories (shopping, travelling, exercising etc.) are not. This, together with characters of varying ages and personalities, makes the stories suitable for learners of German, whatever their age.

Viel Spaß beim Lesen!
Elisabeth and Christine

Chapter 1: **Omas Besuch**

Omas Besuch

Elfriede wohnt allein in Hamburg. Sie ist siebenundsiebzig Jahre alt. Elfriede hat einen Sohn. Er heißt Karl. Er ist vierzig Jahre alt. Karl hat eine Katzenpension. Er liebt Katzen. Karl hat eine Frau. Sie heißt Anna. Sie ist fünfunddreißig Jahre alt. Anna ist Ärztin.

Karl und Anna haben einen Sohn, Matthias. Sie haben auch eine Tochter, Katharina. Er ist sieben Jahre alt und sie ist fünfzehn. Matthias und Katharina sind Elfriedes Enkelkinder. Elfriede liebt Matthias sehr. Elfriede liebt auch Katharina sehr.

Karl und seine Familie haben ein neues Haus. Das Haus ist in einem kleinen Dorf. Das Dorf heißt Altheim. Das Haus ist in einer schönen Straße.

Karl telefoniert mit Elfriede.

„Hallo Mutti", sagt er. „Wie geht's?"

„Es geht mir sehr gut, danke. Und wie geht's dir?"

„Auch sehr gut", sagt Karl. „Das Wetter hier ist wunderbar. Möchtest du uns besuchen?"

„Ja, gerne", sagt Elfriede, „wann?"

„Sonntag", sagt Karl, „um die Mittagszeit. Kannst du unser Haus finden?"

„Ich weiß nicht........ oh, ja", sagt Elfriede, „ich habe eine Straßenkarte."

„Gut", sagt Karl, „wir wohnen in der Landstraße, Hausnummer 9. Unser Haus ist rot."

„Alles klar, tschüss", sagt Elfriede.

Am Sonntag fährt Elfriede mit dem Auto zu Karls Haus. Sie bringt selbst gemachte Limonade und Schokolade für Karl und Katharina, Blumen für Anna und ein kleines Spielzeugauto für Matthias mit. Die Fahrt dauert lange.

Der Straßenplan ist nicht einfach. Elfriede sieht eine Frau.
Elfriede denkt: „Soll ich mein Auto anhalten?......Ja, ich halte mein Auto an." Sie hält das Auto an.

„Bitte", sagt Elfriede, „wo bin ich hier und wo ist die Alte Landstraße?"
„Sie sind genau hier", sagt die Frau, „und die Alte Landstraße ist da.......Sie fahren hier geradeaus......"

Elfriede fährt weiter.

Sie denkt: „Mmmm, wo bin ich hier?" Dann sieht sie einen Mann. Elfriede hält wieder das Auto an. „Bitte, helfen Sie mir", sagt Elfriede, „wo bin ich hier?" Der Mann hilft Elfriede weiter. Er zeigt Elfriede den Weg.

Aber jetzt ist Elfriede sehr müde. „Ich möchte eine Tasse Tee und Schokolade," denkt sie.
„Aber die Schokolade ist für Anna und Karl........vielleicht esse ich nur ein bisschen Schokolade!"
„Oh, jetzt habe ich Durst! Ich trinke die Limonade," denkt sie dann.

Elfriede fährt weiter.
„Aha", denkt Elfriede, „endlich! Ein rotes Haus."
Sie parkt das Auto.

Elfriede klingelt an der Tür. Ein Mann öffnet die Tür.
Aber es ist nicht Karl! Elfriede hat einen Schock.

„Wer sind Sie," fragt Elfriede. „Warum sind Sie in Karls Haus?"

„Und wer sind Sie??" sagt der Mann.

„Ich heiße Elfriede Grünschnabel. Ich bin Karls Mutter."

„Mein Name ist Schmidt. Aber wer ist Karl?"
„Karl ist mein Sohn. Er hat eine Frau, einen Sohn und eine Tochter. Das sind meine Enkelkinder." Elfriede hat Angst. Wer ist dieser Mann? Elfriede ist sehr müde.

Elfriede weint! „Ich bin müde", sagt Elfriede, „und die Fahrt war so lange und ich weiß nicht wo ich bin."
„Kommen Sie herein", sagt der Mann, „hier ist meine Frau Heike."

„Möchten Sie eine Tasse Kaffee?" fragt Frau Schmidt. „Ja gerne", antwortet Elfriede, „danke sehr. Tut mir Leid, aber ich bin so müde vom Auto fahren."

„Wie Sie sehen, ich wohne in diesem Haus mit meiner Frau", sagt Herr Schmidt.

„Aber wo wohnt dann meine Familie??" fragt Elfriede.

„Ich weiß das auch nicht....... ich muss kurz überlegen."
Der Mann überlegt.

„Aha – jetzt verstehe ich. Ist Ihre Familie neu hier?"

„Ja, meine Familie ist neu hier und wohnt in der Alten Landstraße, Hausnummer 9. Es ist ein rotes Haus."

Herr Schmidt sagt: „Mmmmm, Ihre Familie wohnt in Hausnummer 9? Ja, aber nicht in der *Alten* Landstraße. Ihre Familie wohnt in der *Landstraße*, Hausnummer 9. Das Haus ist auch rot."

„Das tut mir Leid", sagt Elfriede.

„Kein Problem," sagt Herr Schmidt. „Es ist schön, die Nachbarn kennen zu lernen."

Herr Schmidt fährt mit Elfriede zur Landstraße, Hausnummer 9. Karl ist im Garten. „Mutti! Du bist sehr spät!" sagt er.

„Hallo, und wer sind Sie?" fragt er.

„Mein Name ist Schmidt. Ich wohne in der Alten Landstraße, Hausnummer 9. Wir sind Nachbarn. Schön, Sie kennen zu lernen!"

„Gleichfalls," sagt Karl. „Ich heiße Karl Grünschnabel und ich wohne hier mit meiner Frau Anna, Sohn Matthias und Tochter Katharina."

„Ihre Mutter war bei uns; leider die falsche Adresse," sagt Herr Schmidt.

„Ah, jetzt verstehe ich," sagt Karl.

„Danke für den Kaffee," sagt Elfriede.

Dann kommt Matthias aus dem Haus. Karl sagt: „Ah, hier ist Matthias."

„Hallo!" sagt Matthias.

„Oma, Oma!" ruft Matthias. „Da bist du endlich. Hast du ein Geschenk für mich??"

„Umm... ja", sagt Elfriede, „ein Spielzeugauto!"
„Hallo Matthias", sagt Herr Schmidt, „und wie alt bist du?"
„Ich bin sieben Jahre alt", antwortet Matthias, „aber Oma ist einhundertundsieben Jahre alt!"
Fast alle lächeln.

Chapter 2: **Anna und das Sonderangebot**

Anna und das Sonderangebot

Karl ist zu Hause. Seine Frau Anna ist in der Arbeit. Sein Sohn Matthias ist in der Schule. Katharina, seine Tochter, ist auch in der Schule. Die Familie Grünschnabel hat nur ein Auto. Von Montag bis Freitag fährt Karl um 7.30 Uhr mit Matthias zur Schule. Die Schule ist in Altheim.

Anna ist Ärztin. Sie arbeitet im Krankenhaus. Normalerweise kommt sie um 12.30 Uhr aus dem Krankenhaus. Dann muss sie Matthias um 13.00 Uhr von der Schule abholen. Anna kann nicht Auto fahren. Sie fährt mit einem Holland-Fahrrad. Das Fahrrad hat einen grünen Anhänger. Matthias kann in dem Anhänger sitzen. Das macht Spass. Die Schule ist nicht weit vom Krankenhaus entfernt.

Aber heute hat Matthias bis um 15.00 Uhr Sport.

Anna arbeitet bis 13.30 Uhr und geht danach zum Mittagessen in die Krankenhauskantine. Um 14.30 kommt sie aus dem Krankenhaus.

Anna fährt mit ihrem Fahrrad und dem grünen Anhänger zur Schule. Es gibt einen Supermarkt in der Nähe. Anna sieht den Supermarkt. Dort gibt es ein Schild – „Sonderangebot - Halber Preis für Würstchen in der Dose - Kaufen Sie schnell!"
„Ich muss zur Schule", denkt Anna, „aber Matthias isst so gerne Würstchen. Das ist ein sehr gutes Angebot. Ich habe noch Zeit zum Einkaufen. Soll ich die Würstchen kaufen?....Ich weiß nicht.......ja oder nein? Ja, ich kaufe die Würstchen!"

Sie stellt das Fahrrad mit dem grünen Anhänger auf den Fahrrad-Parkplatz. Sie geht in den Supermarkt.

Sie sieht die Würstchen. „Das ist ein sehr gutes Angebot", denkt Anna, „Matthias isst so gerne Würstchen.
Katharina isst auch gerne Würstchen. Sie sind sehr billig. Ich kaufe viele Dosen. Wie viele kaufe ich? Mmmm, ich kaufe einhundert Dosen."
Anna stellt die Würstchendosen in den Kartons in den Einkaufswagen.

„Ich muss jetzt gehen!" denkt Anna. „Mmm", denkt sie, „wir brauchen Milch. Ich kaufe einen Liter Milch." Sie kauft einen Liter Milch.

Anna stellt die Milch in ihren Einkaufswagen.

„Ohh, es ist fast Viertel vor drei", denkt Anna, „ich muss jetzt gehen!"

Aber dann sieht sie die Eier. „Wir brauchen auch Eier," denkt Anna. „Ich kaufe zehn Stück." Sie kauft zehn Eier. Anna stellt die Eier in ihren Einkaufswagen.

„Ich muss jetzt sofort gehen", denkt Anna. „Ich muss zur Schule."

Anna geht zur Kasse und bezahlt den Einkauf.

Anna verpackt die Kartons mit den Würstchendosen in Plastiktüten. Sie stellt die Plastiktüten in den Einkaufswagen. Die Kartons sind sehr dünn. Die Plastiktüten sind auch sehr dünn.

Anna ist auf dem Parkplatz. Sie nimmt die Plastiktüten aus dem Einkaufswagen. Plötzlich fallen die Dosen aus den Plastiktüten und den Kartons. Sie rollen überall herum!

„Oh nein, überall Würstchendosen!!!" ruft Anna.
Viele Leute auf dem Parkplatz gucken. Anna sagt: „Bitte, helfen Sie mir! Ich bin in Eile. Ich muss zur Schule. Ich muss meinen Sohn abholen." Ein Mann hilft Anna. Auch zwei Frauen helfen Anna.

Anna ist in Eile. Sie muss ganz schnell Rad fahren. Sie sieht auf die Uhr. Es ist 14.50 Uhr. Sie muss Matthias abholen.

Normalerweise fährt Anna langsam. Aber heute fährt sie zu schnell. Ein Polizist sieht Anna.
„Halten Sie an!!" ruft der Polizist. Anna hält an.
Der Polizist sagt: „Sie fahren mit dem Anhänger viel zu schnell!"
„Oh, nein", ruft Anna, „bitte, ich muss schnell zur Schule. Ich muss meinen Sohn Matthias abholen. Er ist erst sieben Jahre alt!!"
Der Polizist sagt: „Fahren Sie nicht so schnell!"
„Bitte", sagt Anna, „ich fahre kein Auto! Ich fahre nur mit einem Fahrrad!"

Der Polizist sagt: „Sie fahren aber viel zu schnell!"
„Alles klar, ich fahre nie wieder so schnell!!! Ich bin im Stress – ich bin sehr spät. Mein Sohn Matthias, er......"
„Na gut," sagt der Polizist, "aber fahren Sie langsamer!"

Anna denkt: „Es ist sehr spät. Hoffentlich komme ich noch rechtzeitig. Aber ich muss langsam fahren."
Sie fährt langsamer. Sie sieht keinen Polizisten mehr. Sie fährt ein bisschen schneller.
Anna ist bei der Schule. Gerade noch rechtzeitig. Sie sieht Matthias.

„Hallo, Mutti", sagt Matthias, „ich habe Hunger – was gibt es zum Abendessen?"

Anna fährt mit dem Fahrrad nach Hause.
Matthias sitzt auf den Würstchendosen im grünen Anhänger. Es ist nicht sehr bequem.

Anna und Matthias sind zu Hause. Anna denkt: „Sicherlich freut sich Karl über mein Sonderangebot! Die Dosen sind so billig."
„Hallo, Karl", sagt Anna, „wie geht's?"
„Sehr gut", sagt Karl, „und dir?"
„Wunderbar!", sagt Anna und gibt Karl einen Kuss. „Hilf mir bitte mit dem Einkauf!"
„Ja, natürlich", sagt Karl, ... „Katharina, komm und hilf auch mit dem Einkauf!"
„Immer ich!", sagt Katharina, „warum nicht Matthias?"
„Du bist älter!" antwortet Karl.

Karl und Anna gehen zum Fahrrad mit dem grünen Anhänger.
„Guck mal", sagt Anna.

„Oh, nein!!!" ruft Karl.

„Gibt es ein Problem?" fragt Anna.

Karl führt Anna und Katharina in die Küche. Er öffnet den Küchenschrank. Der Küchenschrank ist voll mit Würstchendosen. Überall Dosen!

„Oh, nein!!!" ruft Anna. „Du und deine Sonderangebote!" sagt Katharina.

„Mutti", sagt Matthias, „ich liebe Würstchen sehr. Aber doch nicht jeden Tag!"

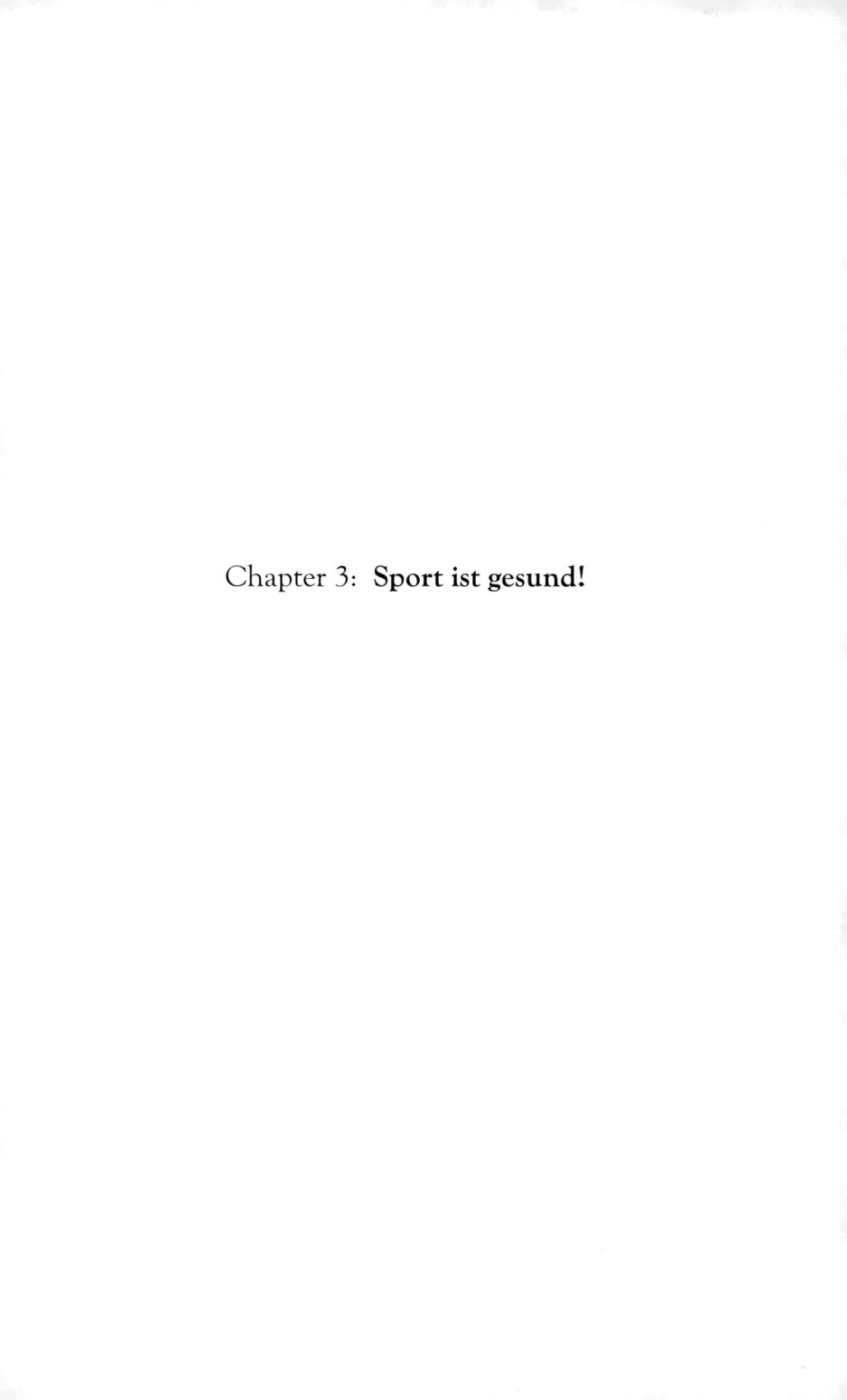

Chapter 3: **Sport ist gesund!**

Sport ist gesund!

„Ich bin vierzig Jahre alt", denkt Karl „ich bin alt. Ich muss ins Fitness-Studio gehen und ich muss Sport treiben."

Karl sagt: „Anna, ich möchte fit sein. Ich bin vierzig und du bist fast so alt wie ich! Wir gehen zusammen ins Fitness-Studio und treiben viel Sport."

„Mmm, ich weiß nicht. Ich muss überlegen."

Anna überlegt. Dann sagt sie: „Das ist zu teuer. Warum gehst du nicht joggen?"

„Das ist eine gute Idee!" findet Karl. „Aber alleine ist es langweilig."

„Frag doch die Kinder! Vielleicht machen sie mit", sagt Anna.

Karl fragt Katharina: „Katharina, gehst du mit mir joggen?"

Aber Katharina liest ein gutes Buch. Sie sagt nur: „Mmmmmm!"

Karl denkt: „Sicherlich geht Katharina mit mir joggen!"

Karl fragt Matthias: „Matthias, ich gehe joggen. Kommst du auch?"

Matthias spielt mit seinem Spielzeugauto. Er sagt nur: „Mmmmm!"

Karl denkt: „Ja, Matthias geht gern joggen. Katharina geht auch gern joggen. Wir gehen alle zusammen. Das macht Spass!"

Karl geht einkaufen. Karl kauft Jogginganzüge und Joggingschuhe für die ganze Familie.

Am Sonntag laufen Karl, Anna und die Kinder durch den großen Park.

„Schneller!" ruft Karl. „Ihr seid so langsam."

Karl läuft und läuft.

Anna und die Kinder sind müde. Sie möchten eine Pause machen.

Katharina sagt: „Halt an, Papa! Wir möchten eine Pause machen!"

Matthias sagt: „Papa, ich bin müde. Ich muss eine Pause machen. Halt an!"

Aber Karl hält nicht an. Karl sagt nur: „Laufen ist gesund und macht fit. Schnell, schnell!"

„Ach, meine Kinder sind so faul!" denkt er.

Nach einer Stunde sind alle wieder zu Hause. Katharina und Matthias sind total kaputt und Anna kann nicht mehr laufen. Nur Karl ist sehr zufrieden.

Am nächsten Sonntag sagt Karl: „Kinder, kommt! Wir gehen wieder joggen!!! Komm, Anna!"
„Nein Papa!" ruft Matthias. „Ich muss Hausaufgaben machen."
„Oh, tut mir Leid! Ich muss am Computer arbeiten", sagt Katharina.
„Und ich muss einen Brief an Oma Elfriede schreiben", sagt Anna.

Karl ist enttäuscht. Alleine macht das Joggen keinen Spass.

„Vielleicht kaufe ich mir einen Hund? Dann kann ich mit dem Hund joggen gehen!" sagt Karl.
„Das ist eine sehr gute Idee", findet seine Frau Anna.
„Wunderbar, ein Hund!" ruft Matthias. Auch Katharina ist begeistert.
Plötzlich haben alle Zeit.

Familie Grünschnabel fährt ins Tierheim.
„Guten Tag", sagt Karl. „Wir sind die Familie Grünschnabel. Wir möchten gerne einen Hund."
„Guten Tag", sagt der Mann im Tierheim. „Wir haben viele Hunde. Bitte kommen Sie mit."

Es gibt sehr viele Hunde im Tierheim. Es gibt schwarze und weiße Hunde. Es gibt einen sehr süßen Dackel und einen Schäferhund. Es gibt sogar einen braunen Labrador.

Anna sagt: „Mmmm, vielleicht sollten wir den Dackel nehmen? Was denkst du Karl?"
„Ich weiß nicht....vielleicht den Schäferhund?" antwortet Karl. „Was denken die Kinder?"

„Oh, guck mal! Der braune Labrador ist sooooo süß! Können wir den Labrador haben?" fragt Katharina.
„Wie heißt er denn?" fragt Anna.
„Das ist Fridolin", antwortet der Mann. "Er ist zwei Jahre alt und er ist sehr lieb."
„Kann er gut laufen?" fragt Karl.

„Natürlich", antwortet der Mann. „Er läuft sogar sehr gern."

„Ja", sagt Anna, „wir nehmen Fridolin."

Fridolin ist sehr glücklich. Er hat jetzt eine Familie. Alle sind glücklich.

Karl kauft einen schönen Hundekorb für Fridolin. Fridolin liebt seinen Hundekorb und er liebt die Familie Grünschnabel.

Von Montag bis Samstag gehen Matthias und Katharina mit Fridolin spazieren. Fridolin liebt Spaziergänge sehr.

Er kann laufen, schnüffeln und mit anderen Hunden spielen.

Heute ist es Sonntagmorgen. Doch was ist das?
„Aufwachen, Fridolin!!! Sonntagmorgen, wir gehen joggen!"
Karl steht in seinem Jogginganzug vor dem Hundekorb. Es ist noch dunkel.

Fridolin ist sehr müde.
„Komm, du Faulpelz", ruft Karl. Aber Fridolin ist nicht faul, er ist noch müde.

Karl und Fridolin laufen durch den großen Park. Fridolin möchte schnüffeln und mit den anderen Hunden spielen. Aber Karl läuft und läuft und Fridolin muss mitlaufen.

Nach zwei Stunden kann Fridolin nicht mehr laufen.

„Was ist los, Fridolin?"

Fridolin geht keinen Zentimeter mehr.

„Komm, wir laufen nach Hause, Fridolin!"

Aber Fridolin kann nicht mehr. Er bleibt sitzen.

„Dann muss ich dich nach Hause tragen", sagt Karl.

Karl nimmt Fridolin auf die Schultern und läuft nach Hause.

„Oh, du bist so schwer, Fridolin", sagt Karl.

Karl beginnt zu schwitzen.

„Ich kann nicht mehr", denkt Karl.

Da sieht er sein Haus. Anna, Matthias und Katharina sitzen im Garten und machen Frühstück.

„Guck mal, da ist Papa", sagt Matthias.

„Aber was ist das?" ruft Katharina. „Papa trägt Fridolin auf seinen Schultern!"

„Ich kann nicht mehr", sagt Karl. „Fridolin ist soooo schwer."

„Läufst du nächsten Sonntag wieder mit Fridolin?" fragt Anna.

„Oh nein, nein, bitte nicht", ruft Karl und stöhnt.

Anna und die Kinder lachen.

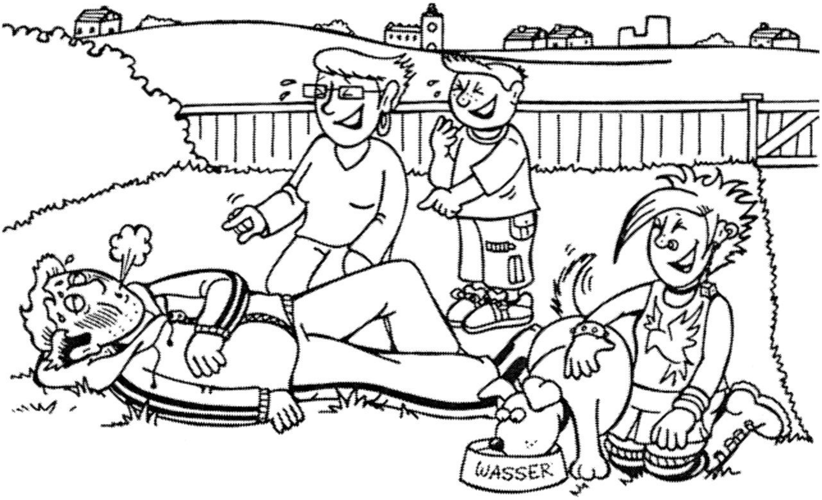
WASSER

Chapter 4: **Katharina, die große Tierschützerin**

Katharina, die große Tierschützerin

Es ist Samstagmorgen. Karl arbeitet wie jeden Tag in der Katzenpension. Anna muss im Krankenhaus arbeiten.

Matthias spielt mit seinem Spielzeug im Kinderzimmer. Matthias spielt gern mit seinen Spielzeugautos.

Die Katzen haben ein großes Zimmer im Katzenhaus. Dort können sie spielen.

Die Katzen bleiben normalerweise ein bis zwei Wochen und gehen dann wieder nach Hause.

Karl liebt seine Katzenpension und er liebt Tiere.

Heute hilft Katharina im Katzenhaus. Sie füttert die Katzen. Es ist Herbst und es gibt nicht viele Katzen in der Katzenpension. Es sind momentan sechs Katzen in der Katzenpension, der graue Simba, die gelbe Mitzi, der schwarze Puma, der gestreifte Tiger, die weiße Mausi und der schwarz-weiße Schnurri.

Katharina hat seit zwei Wochen einen neuen Freund. Er heißt Cheng. Er ist 17 Jahre alt und ist Tierschützer. „Papa", fragt Katharina, „ können die Katzen den alten Sessel vom Gästezimmer haben?"

„Aha", sagt Karl, „seit wann interessieren dich Katzen?"
„Mein Freund Cheng ist Tierschützer. Cheng sagt, die Katzen brauchen Möbel zum Kuscheln. Cheng weiß so viel über Tiere. Cheng ist einfach super, Papa", sagt Katharina.
„Ja, na gut", sagt Karl, „wenn Cheng sooooo super ist!!!!"

Am Sonntag fahren Karl, Anna und Matthias zu Oma Elfriede. Katharina bleibt zu Hause. Am Nachmittag kommt Cheng.
„Hallo, Katharina!" sagt Cheng. „Wie geht es dir heute?"
„Wunderbar!" ruft Katharina. „Komm, wir tragen den alten Sessel ins Katzenhaus. Wir machen das Katzenhaus schön."
„Eine sehr gute Idee", antwortet Cheng.
Katharina und Cheng bringen den alten Sessel in das Katzenhaus. Der Sessel ist rosa und er ist sehr bequem. Sofort springen die Katzen auf den alten Sessel. Dort ist es kuschelig und weich.

„Was denkst du?" fragt Katharina. „Sind sie glücklich?"
„Ja, es geht ihnen sehr gut", sagt Cheng, „aber Katzen brauchen auch weiche warme Teppiche."
„Ach ja", sagt Katharina, „wir nehmen den Teppich aus dem Gästezimmer. Er ist von Oma Elfriede und er ist blau und wunderbar weich."

Jetzt haben die Katzen den rosa Sessel und den blauen Teppich im Katzenzimmer.
„Außerdem brauchen sie mehr Spielsachen", findet Cheng.

„Genau, Matthias hat so viele Spielsachen. Wir finden sicher etwas. Und dann stellen wir noch Papas Aquarium ins Katzenzimmer. Dann können die Katzen die Fische beobachten. Und Mama hat auch noch Wolle. Katzen spielen so gerne mit Wolle. Sie lieben Wolle", sagt Katharina.
„Und ich liebe dich", sagt Cheng, "du bist eine wunderbare Tierschützerin."
Katharina ist glücklich.

Katharina und Cheng bringen die Spielzeugautos von Matthias, Papas Aquarium und Mamas Wolle ins Katzenhaus.

„Wir brauchen noch weiche Kissen für einen schönen Sonnenplatz", sagt Cheng.
„Oh ja, wir nehmen die Wohnzimmerkissen", antwortet Katharina.

Sie bringen vier Wohnzimmerkissen ins Katzenhaus. Jetzt haben die Katzen den rosa Sessel, den blauen Teppich, die Kissen, die Spielzeugautos, das Aquarium und auch Wolle im Katzenhaus.
„Das Katzenhaus ist jetzt wunderbar", sagt Katharina.

Die Katzen spielen mit den Spielzeugautos und mit der Wolle, liegen im alten Sessel oder auf den Wohnzimmerkissen. Auch das Aquarium interessiert die Katzen sehr. Sie beobachten die Fische und möchten sie fangen.

Das heißt genau: Schnurri liegt faul im Sessel und Tiger möchte gerade einen Fisch fangen. Simba spielt mit der Wolle. Puma und Mitzi spielen mit den Spielzeugautos. Mausi liegt faul auf den Kissen.

„Was sollen wir jetzt tun?" fragt Katharina.

„Ich höre gern Musik", sagt Cheng, „können wir etwas Musik hören?"

„Ja, natürlich", antwortet Katharina. „Wir gehen in mein Zimmer und hören Musik!"

Spät am Abend kommen Karl, Anna und Matthias nach Hause.

Katharina und Cheng sitzen auf Katharinas Bett und hören Musik. Cheng küsst Katharina. Katharina ist glücklich.

Da hört sie plötzlich Karl rufen: „Schnell, schnell, wir haben Einbrecher. Mein Aquarium ist weg!"
„Die Sofakissen im Wohnzimmer sind auch weg!" ruft Anna.
Matthias läuft ins Kinderzimmer. „Meine Spielzeugautos sind weg!"
Anna und Karl gehen in alle Zimmer.

„Oma Elfriedes Teppich ist auch nicht da!" ruft Karl.

„Die Wolle für die Winterpullover ist weg", sagt Anna.

„Das ist aber komisch. Wer nimmt denn Wolle, Spielzeugautos, einen Teppich und ein Aquarium weg?" fragt Karl. „Aber wir müssen die Polizei anrufen."

Da kommen Katharina und Cheng schnell ins Wohnzimmer.

„Bitte nicht, Papa, ich bin der Einbrecher", sagt Katharina.

„Warum, was ist passiert?" fragt Anna.

"Papa, Mama, Matthias, Entschuldigung. Es tut mir so Leid!" ruft Katharina. „Die Sachen sind im Katzenhaus."
„Was?" ruft Karl. „Meine Fische!"
"Meine Wolle!" ruft Anna.
„Meine Spielzeugautos!" ruft Matthias.

Schnell gehen alle ins Katzenhaus. Sofort sehen die Katzen Karl und Karl ist nicht glücklich. Schnurri springt auf das Gitter und Tiger, Puma und Mausi laufen zu Karl. Mitzi wäscht sich und Simba schläft friedlich auf dem Boden.

„Oh nein, Katharina!!! Warum sind unsere Sachen im Katzenhaus?" fragt Karl.

„Cheng sagt, Katzen brauchen Spielsachen. Cheng ist Tierschützer. Er weiß genau, was richtig ist", sagt Katharina stolz und lächelt.

„Danke, Katharina", sagt Cheng glücklich.

„Oh ja, ich weiß", sagt Karl, „Cheng ist wirklich super!"

„Danke, Papa", sagt Katharina, „du bist auch total super!"

„Aber es ist jetzt wirklich sehr spät", sagt Karl, "und du, Cheng, du musst jetzt nach Hause gehen! Gute Nacht, Cheng!"

„Gute Nacht, Herr Grünschnabel, gute Nacht Frau Grünschnabel, tschüss Matthias", sagt Cheng, „bis morgen, Katharina!"

„Ja, bis morgen", antwortet Katharina.

Cheng geht nach Hause.

„Aber ich möchte meine Spielzeugautos wieder haben!" ruft Matthias.

"Und ich meine Wolle. Und was sagt Oma Elfriede? Der Teppich muss zurück ins Haus", sagt Anna.

„Ja", sagt Karl, „ und ich bin auch ein großer Tierschützer. Meine armen Fische haben Angst vor Katzen. Sie müssen auch wieder zurück ins Haus."

„Oh", sagt Katharina, „das tut mir Leid! Die armen Fische!"

„Gib den Fischen doch dein Lieblingsposter vom Meer. Fische lieben Poster vom Meer", sagt Matthias und grinst.

Alle lachen, nur Katharina nicht.

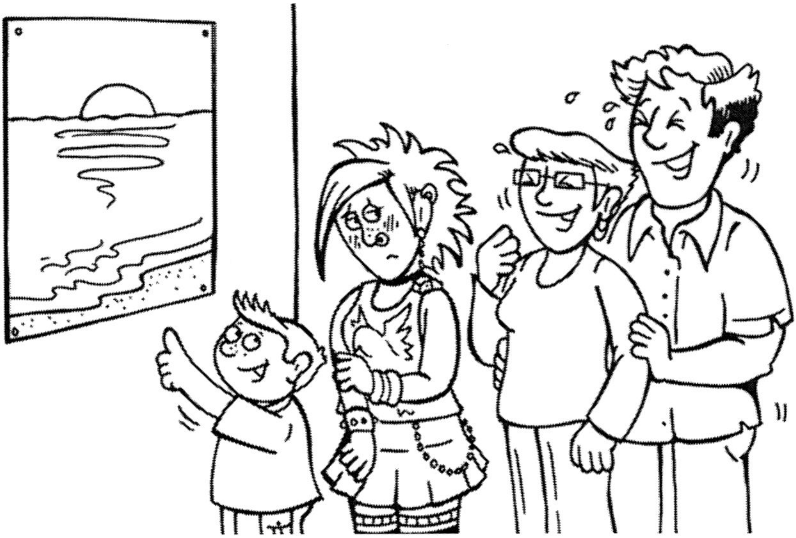